Made in the USA
Monee, IL
16 December 2021

85729952R00073